대한민국의 암울한 미래와
타개책

대한민국의
암울한 미래와 타개책

이양호 지음

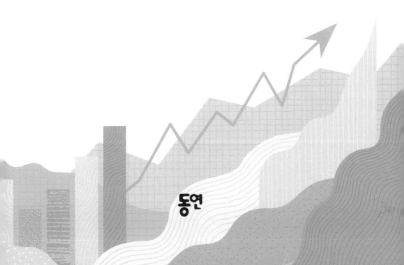

동연

머 리 말

각종 통계들을 보면 우리나라의 미래는 암울하다. 첫째로 저출생 문제가 심각하다. 2014년 국회 입법조사처가 2013년 합계출산율 1.19명을 근거로 우리나라의 장기 인구 추계를 발표한 적이 있다. 2136년에는 우리나라 인구가 1,000만 명이 되고, 2256년에는 100만 명이 된다고 했다. 5,000만 명 이상이 사는 이 땅에 고작 100만 명이 산다면 국가가 소멸된 것과 마찬가지이다.

둘째로 노인 문제가 심각하다. 노년부양비라는 것이 있다. 15세부터 64세까지의 생산가능인구와 65세 이상의 노인인구 비율을 가리킨다. 2020년에는 4.6명이 노인 1명을 부양했다. 2030년에는 3.6명이,

2040년에는 2.6명이, 2050년에는 1.7명이, 2060년에는 1.3명이, 2070년에는 1명이 노인 1명을 부양해야 한다. 얼마나 많은 세금을 내야 하고, 얼마나 많은 연금을 내야 하고, 얼마나 많은 건강보험료를 내야 할 는지 가늠하기 힘들다.

셋째로 국가채무 문제가 심각하다. 지금은 국가채무가 GDP의 50% 정도 되지만 2045년에는 100%가 넘게 되고 2070년에는 190%가 넘게 된다. 국회 예산 정책처의 발표에 의하면, 2070년 우리나라의 국가채무는 7,137조 6천억 원으로 GDP의 192.6%에 이를 것으로 예상된다. 국고채 이자가 2%라고 가정한다면 이자만 약 143조 원이고, 3%라고 가정한다면 214조 원이다. 2024년도 국고채 이자 25조 원도 부담이 되는데, 140~210조 원의 이자를 우리 후손들이 감당할 수 있겠는가.

넷째로 국부 유출이 심각하다. 2024년 우리나라 고액 자산가들의 해외 이주 규모가 세계에서 네 번째로 많을 것이라고 한다. 영국의 투자 이민 컨설팅 업체인 헨리 앤 파트너스가 6월 18일 공개한 "2024년 헨리 개인자산 이주보고서"(Henley Private Wealth Migration Report 2024)에 따르면 한국의 고액 순자산 보유자 순유출은 올해 1,200명으로 중국(1만 5,200명), 영국(9,500명), 인도(4,300명)에 이어 4위를 기록할 것으로 예상된다고 한다. 2022년 400명에서 2023년 800명으로 두 배가 되며 7위로 올라섰고, 올해는 다시 50% 증가하며 역대 최대가 될 것으로 보인다. 우리나라의 미래가 암울하게 보일수록 해외로 이민 가는 고액 자산가들이 크게 증가할 것이다.

그러나 이 문제들을 해결할 수 있는 방법은 있다. 본서는 이 문제들을 해결하고 암울한 미래를 희망찬 미래로 바꾸는 길을 제시하려고 한다.

이 글들은 이미 페이스북에 쓴 글이나 NGO 신문에 쓴 칼럼을 모아 편집한 것이다. NGO 신문에 칼럼을 게재할 기회를 주신 김승동 대표님께 깊은 감사를

드린다. 또한 이 소책자를 출판해 주신 동연출판사 김
영호 대표님께 깊은 감사를 드린다. 그리고 이 소책자
의 출판비를 지급해 준 예향복음교회에 깊은 감사를
드린다.

차 례

저출생 문제의
해결책 (1)

주지하는 바와 같이 우리나라는 저출생 문제가 심각하다. 2014년 국회입법조사처의 연구 발표에 의하면, 2136년이 되면 우리나라의 인구가 1,000만 명이 되고, 2256년이 되면 100만 명이 된다. 이것은 2013년 합계출산율 1.19명에 근거해서 산정한 추계이며, 2023년 합계출산율 0.72명에 근거해서 다시 산정한다면 더 심각해질 것이다.

저출생의 원인은 다양하지만, 가장 큰 원인은 소득 불평등에 있다. 한 통계에 의하면 남성의 경우 임금 상위 10%는 82.5%가 결혼을 하는 데 비해 임금 하위 10%는 6.9%만 결혼을 한다. 임금 상위 50%는 63%

가 결혼을 하는 데 비해 임금 하위 50%는 19%만 결혼을 한다. 가난한 청년들은 거의 결혼을 못 한다.

다른 통계에 의하면 2019년 출산 가정 중 소득 상위 1/3은 54.5%를 차지하고, 소득 중위 1/3은 37%를 차지하고, 소득 하위 1/3은 8.5%를 차지했다. 가난한 사람들은 거의 출산을 못 하고 있다.

일본의 인구 문제 전문가인 주오대학의 야마다 마사히로 교수도 일본에서는 경제적으로 안정된 청년들은 결혼하고 자녀를 낳지만, 경제적으로 불안정한 청년들은 결혼을 못 하고 자녀를 못 낳는다고 했다. 가난한 청년들이 결혼을 못 한다는 것은 불편한 현실이라고 했다. 그 숫자는 1/4 정도 된다고 했다. 우리나라는 40% 정도 된다. 그래서 우리나라 합계출산율이 일본보다 더 낮다. 야마다 교수는 해결책은 무슨 일을 하든지 중류 생활을 할 수 있도록 보장해 주는 것이라고 했다. 좋은 제안이다.

저출생 문제를 해결하기 위해서는 소득이 적은 사

람들을 국가가 지원해 주어야 한다. 여러 가지 방법 중 한 가지 방법은 기초생활보장제도를 개편하는 것이다. 현재는 기초생활수급비를 받는 사람이 소득이 있으면 소득의 70%를 공제한다. 그리고 재산의 소득환산액 공제라는 것이 있다. 이때 서울에 사는 사람은 9,900만 원까지를 기본재산으로 인정해서 공제하지 않는다.

기초생활보장제도의 개편은 ① 소득 70% 공제를 소득 50% 공제로 개편하고, ② 기본재산은 가구인 수가 증가할수록 1인당 5,000만 원씩 추가로 인정해 주는 방향으로 하자는 것이다.

2025년에는 서울에 거주하는 4인 가구의 경우 소득이 없으면 매월 생계급여를 195만 원을 받고 주거급여를 54만 원을 받아 모두 249만 원을 지급받는다. 현 정부는 생계급여를 기준중위소득 35%까지로 인상하려고 한다. 그렇게 되면 생계급여가 213만 원이 되어 모두 267만 원이 된다. 그런데 위와 같이 기초생활보장제도를 개편한다면, 재산이 2억 4,900만 원 이하이고, 월 소득이 200만 원인 가구는 매월 167만 원을 지급받아 가구 소득이 367만 원이 된다. 이렇게 되면 결혼하고 자녀를 낳아 기르기를 원하는 사람들은 다 결혼하고 자녀를 낳아 저출생 문제가 해결될 것이다.

2022년도 저출생 대응 예산은 51조 7천억 원이었다. 2024년도 기초생활보장 예산은 20조 8,262억 원이다. 이 두 금액을 합친 돈이면 기초생활보장제도를 위와 같이 개편하기에 충분하다.

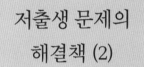

저출생 문제의
해결책 (2)

지금 국회에는 저출생 문제를 해결하기 위한 법안들이 발의되어 있다. 첫째로 나경원 국민의힘 의원이 주택자금 지원 법안을 발의했다. 결혼하면 1%로 2억 원의 주택자금을 대출해 주고, 첫째 아기가 태어나면 이자를 탕감해 주고, 둘째 아기가 태어나면 대출금 일부를 탕감해 주고, 넷째 아기가 태어나면 대출금 전액을 탕감해 주자는 것이다. 결국 어린이 1인당 5,000만 원을 지급하는 것이다. 어린이 1인당 5,000만 원을 지급한다고 해서 저소득층이 아기를 낳아 기를 수 있을 것 같지 않다. 어린이 1인당 5,000만 원을 지급한다고 해서 고소득층이나 중간 소득층이 자기들이 생각했던 것보다 더 많은 아기를 낳아 기를 것 같지 않다.

　같은 돈으로 차라리 본인들과 부모들이 재산이 없는 사람들에게는 5억 원을 대출해 주고, 재산이 있으면 재산의 10%를 공제하고 대출해 주는 방법이 좋을 것이다. 그러면 재산이 10억 원이면 4억 원을 대출해 주고, 20억 원이면 3억 원을 대출해 주고, 50억 원 이상이면 대출을 해주지 않게 된다. 가난한 사람이 5억 원을 대출받아 지방에 가서 1억 원으로 주택을 구입하고 4억 원으로 상가를 구입해서 임대료를 받아 생활비에 보탠다면 아기들을 낳아 기를 수 있을 것이다.

　다음으로, 더불어민주당에서는 아동수당에 관한 법안들을 발의했다. 18세 미만의 아동에게 매월 20만 원을 지급하고, 또 매월 국가가 10만 원씩, 부모가 10만 원씩 적립하여 목돈을 마련해주자는 법안들이다. 결국 국가가 매월 30만 원씩 지급하는 것이다. 그다음으로, 기본소득당 용혜인 대표와 조국혁신당 조국

대표와 야권 의원들이 공동 발의한 안은 아동수당을 18세 미만의 아동에게 매월 30만 원을 지급하자는 것이다. 더불어민주당 안과 대동소이하다. 그러나 고소득층은 매월 30만 원씩 지급하더라도 자기들이 생각했던 것보다 더 많은 아기를 낳아 기를 것 같지 않다. 저소득층은 매월 30만 원씩 지급하더라도 자녀를 낳아 기를 수 없을 것이다.

같은 돈으로 차라리 기준중위소득인 가구에 매월 30만 원씩 지급하되 하후상박식으로 지급하는 것이 좋을 것이다. 2025년 4인 가구 기준중위소득은 609만 원이다. 그래서 소득이 없는 가구에는 아동수당을 90만을 지급하고, 소득이 있으면 소득의 10%를 공제하고 지급하면 좋을 것이다. 가구 월 소득이 100만 원이라면 80만 원을 지급하고, 200만 원이라면 70만 원을 지급하고, 600만 원이라면 30만 원을 지급하고, 월 소득 900만 원 이상 가구에게는 지급하지 않는 것이다. 2025년 4인 가구 생계급여는 195만 원이고, 서울의 주거급여는 54만 원으로 합하면 249만 원이 된다. 자녀 두 명을 낳아 기르면 180만 원을 지급받아 가구 소득이 429만 원이 될 것이다. 저소득층도 자녀를 낳아 기를 수 있을 것이다.

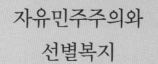

자유민주주의와
선별복지

자유민주주의에 대한 정의는 다양하다. 그중 하나는 사회주의와 민주주의가 결합한 것을 사회민주주의로 보고, 자본주의와 민주주의가 결합한 것을 자유민주주의로 보는 것이다. 이렇게 본다면, 자유민주주의를 대표하는 나라는 미국이고, 사회민주주의를 대표하는 나라는 스웨덴이라고 할 수 있다.

　스웨덴은 복지 천국이니 복지 대국이니 하여 선망의 대상이 되기도 하였다. 그러나 근래에 와서 스웨덴이 흔들리고 있다. 우선 이민자 중에 탈선한 사람들이 있어서 사회가 불안하게 되었다. 지나친 과세 정책은 능력 있는 사람들이 스웨덴을 떠나려는 생각을 가지게 하고 있다. 그래서 오랫동안 스웨덴을 이끌었던 사회민주당이 뒤로 물러나고 우파와 중도파 연합 정부가 이끌어가고 있다.

자유민주주의가 지속되려면 철저한 선택적 복지정책을 지향해야 한다. 자유민주주의 국가에서 보편적 복지를 도입하기 시작하면 자유민주주의가 흔들리기 시작한다. 보편적 복지를 위해 엄청난 세금을 부과해야 하기 때문이다.

우리나라와 스웨덴을 비교해 본다면 스웨덴이 얼마나 많은 세금을 부과하는지 알 수 있다. 우리나라는 소득세를 면제받는 사람이 33.6%이다. 스웨덴은 모든 사람이 소득세를 낸다. 우리나라는 소득세가 소득 구간에 따라 철저하게 누진적이다. 6%, 15%, 24%, 35%, 38%, 40%, 42%, 45%이다. 스웨덴은 하위 2/3의 국민은 32%의 소득세를 내고 상위 1/3의 국민은 52%의 소득세를 낸다. 부가가치세는 우리나라는 10%인데 비해 스웨덴은 25%이다.

우리나라가 스웨덴과 같은 보편복지국가가 되려고 하는 것은 뱁새가 황새를 따라가려고 하는 것과 같다. 그래서 우리는 우리 나름의 길을 가야 한다. 우리는 철저한 선별복지국가로 가야 한다.

그럼에도 불구하고 우리나라에는 보편복지제도가 너무 많다. 고등학교 무상교육은 보편복지이다. 가난한 학생들에게만 장학금을 지급해야 한다. 7세까지 지급하는 아동수당도 보편복지이다. 가난한 가정에만 지급해야 한다. 유치원비를 지원하는 것도 보편복지이다. 가난한 가정에만 유치원비를 지원해야 한다. 의무교육인 초등학교와 중학교만 무상교육을 실시해야 한다. 어르신 지하철 무료 탑승도 보편복지이다. 가난한 노인들에게만 혜택을 주어야 한다.

현 정부에 들어와서 보편복지가 더 강화되고 있다. 0세 어린이의 모든 부모에게 매월 100만 원을 지급하고, 1세 어린이의 모든 부모에게 매월 50만 원을 지급하는 것도 현 정부에서 액수를 대폭 올린 것이다. 선별복지를 하려면 가난한 부모들에게만 부모 급여를 지급해야 한다. 신생아 특례대출도 보편복지이다. 전에는 연 소득 6,000만 원 이하의 개인과 연 소득 7,000만 원 이하의 가구에 주택대출금 혜택을 주었다. 현 정부에 들어와서 신생아가 있는 모든 가정은 연 소득 1억 3,000만 원 이하일 경우 주택대출금 혜택을 받을 수 있게 하였고, 내년부터는 연 소득 2억 5,000만 원 이하의 가정들에게 혜택을 줄 예정이다. 사병 월급을 200만 원으로 인상하는 것도 일종의 보편복지이다. 사병 월급을 낮추고 가난한 사병들만 제대할 때 월 200만 원 수준의 돈을 지급해야 한다. 기초연금을 소득 하위 70%의 노인들에게 매월 40만 원씩 지급하려고 하는 것도 보편복지에 가까운 것이다. 기초연금은 소득 하위 50%의 노인들에게 지급하되 소득에 따라 하후상박식으로 지급해야 한다. 자유민주주의 국가에서 보편적 복지를 늘리는 것은 자유민주주의의 무덤을 파는 것이다. 엄청난 국고채 이자 때문에 사회민주주의로 갈 수밖에 없을 것이기 때문이다.

철저한 선별복지를 지향하기 위해서는 밀턴 프리드먼이 제안한 부(負)의 소득세제(Negative Income Tax)를 도입하는 것이 좋을 것이다. 소득세가 소득이 많을수록 세금을 많이 내는 것이라면 부의 소득세는 소득이 적을수록 국가가 지원금을 많이 주는 것이다. 밀턴 프리드먼은 복지제도를 다 폐지하고 부의 소득세제 하나만을 시행할 것을 제안했다.

부채를
줄여야 한다

우리나라는 부채 공화국이다. 국가채무는 GDP의 50.4%인 1,127조 원이고, 가계부채는 98.9%인 1,886조 원이고, 기업부채는 122.3%인 2,734조 원이다. 모두 합하면 GDP의 271.6%인 5,747조 원이다. 가계 부채비율은 한국, 홍콩, 태국 순으로 세계 1위이며, 기업 부채비율은 룩셈부르크, 스웨덴, 한국 순으로 세계 3위이다.

빚이 많다는 것은 돈을 빌려준 사람이 많다는 뜻이다. 돈을 빌려준 사람은 이자를 받아 더 부자가 되고 돈을 빌린 사람은 이자를 내므로 더 가난하게 된다. 빚은 소득 격차와 함께 소득 불평등의 주요 원인이다.

국가채무는 계속 증가하고 있다. 국회 예산정책처에 의하면, 2070년 우리나라의 국가채무는 7,137조 6천억 원으로 GDP의 192.6%에 이를 것으로 예상된다고 한다. 국고채 이자가 2%라고 가정한다면 이자만 약 143조 원이고, 3%라고 가정한다면 214조 원이다. 금년도 국고채 이자 25조 원도 부담이 되는데, 140~210조 원의 이자를 우리 후손들이 감당할 수 있겠는가.

국가채무를 줄여 나가야 한다. 우리 후손들에게 빚을 쌓아 넘겨줄 것이 아니라 각종 기금을 쌓아 넘겨주어야 한다. 연령 분포를 볼 때 지금은 우리나라의 황금기이다. 핵심 근로 인구인 30, 40, 50대가 가장 많기 때문이다. 이들이 노인이 되면 노인이 가장 많은 경제의 한파기가 올 것이다. 경제의 한파기가 오기 전에 부채가 아니라 기금을 쌓아두어야 한다.

국가채무를 줄이려면 관리재정수지를 흑자로 편성해야 한다. 꼭 필요하지 않은 지출은 모두 삭감해야 한다. 지방교육재정교부금처럼 남아도는 돈은 큰 폭으로 삭감해야 한다.

가계부채를 줄이려면 디딤돌대출(주택 구입금 지원)과 버팀목대출(전세금 지원)과 같은 제도를 폐지해야 한다. 국가가 이자의 일부를 부담해 주므로 더 많은 빚을 지게 되는 것이다. 가난한 사람들에게는 현금을 지원해 주어 그 돈으로 생활비에 보태든지, 아니면 주택 임대료에 보태든지, 아니면 자녀 양육비에 보태든지 자기들의 형편에 맞게 사용하게 해주어야 한다.

기업부채를 줄이려면 법인세를 대폭 인하해 주어야 한다. 이자도 못 갚는 기업이 많은데 높은 법인세까지 내므로 기업 부채비율이 높은 것이다.

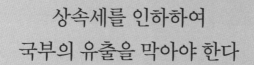

상속세를 인하하여
국부의 유출을 막아야 한다

2024년 우리나라 고액 자산가들의 해외 이주 규모가 세계에서 네 번째로 많을 것이라고 한다. 영국의 투자 이민 컨설팅 업체인 헨리 앤 파트너스가 2024년 6월 18일 공개한 "2024년 헨리 개인 자산 이주 보고서"(Henley Private Wealth Migration Report, 2024)에 따르면 한국의 고액 순자산 보유자 순유출은 올해 1,200명으로 중국(1만 5,200명), 영국(9,500명), 인도(4,300명)에 이어 4위를 기록할 것으로 예상된다고 한다. 2022년 400명에서 2023년 800명으로 두 배가 되며 7위로 올라섰고, 올해는 다시 50% 증가하며 역대 최대가 될 것으로 보인다.

부자들이 우리나라를 떠나는 이유는 사람마다 다를 것이다. 그러나 가장 큰 이유 중 하나는 높은 상속세 때문일 것이다. 우리나라 상속세 최고 세율은 50%로 55%인 일본 다음으로 높다. 그런데 주식을 상속할 때 대기업 최대주주 할증 세율 20%가 적용되어 60%가 된다. 세계에서 상속세 최고 세율이 가장 높다.

한국 부유층들이 향하는 곳은 미국, 호주, 캐나다 등이라고 한다. 이들 나라들에 투자 이민을 가려면 우리 돈으로 10억 원 이상을 투자해야 하는데 불확실성을 감내해도 좋을 만한 유인책이 있기 때문이다. 캐나다, 호주 등 상속세가 없거나 감면 한도가 높은 나라(미국 부모 1인당 1,170만 달러까지 상속 증여세 면제)로 이주하는 것을 보면 높은 상속세가 큰 원인이라고 할 수 있다.

국부의 유출을 막기 위해 상속세를 인하해야 한다. 현재보다 40%를 인하하여 최고 세율을 30%로 하면 좋을 것이다.

국부의 유출을 막을 뿐만 아니라 해외로부터 투자를 늘리기 위해서는 법인세도 40% 정도 인하해야 한다. 법인세는 개정하기 전 원래는 구간별로 10%, 20%, 22%, 25%였다. 이것을 6%, 12%, 13.2%, 15%로 인하하면 좋을 것이다. 아일랜드는 유럽의 빈국이었으나 법인세를 대폭 인하하고 난 후 해외 투자가 늘어나 유럽의 부국이 되었다.

2024년도 국세 수입 전망은 법인세가 77조 6,649억 원이고 상속 증여세가 14조 6,531억 원이다. 합하면 92조 3,180억 원이다. 한편 부가가치세 수입 전망은 81조 4,068억 원이고 개별 소비세 수입 전망은 10조 1,945억 원이다. 합하면 91조 6,014억 원이다. 거의 비슷하다. 부가가치세(개별 소비세 포함)를 현재의 10%에서 14%로 인상한다면 법인세와 상속 증여세를 40% 인하해도 세수에는 큰 결손이 없을 것이다. 부가가치세의 OECD 평균이 19.2%이므로 우리나라에서 부가가치세를 14%로 인상해도 결코 높은 것이 아니다.

문제는 이렇게 한다면 부자 감세라는 비판 때문에 국회에서 통과되기 어려울 것이라는 점이다. 부자 감세라는 비판을 피하기 위해서는 가난한 사람들을 두텁게 지원해야 한다. 가난한 사람들을 두텁게 지원하기 위해서는 현재의 기초 생활 보장 제도를 개편해서 소득 공제율을 70%에서 50%로 낮추고, 기본재산을 인상하면 좋을 것이다.

이렇게 한다면 월 소득이 100만 원이고 월 100만 원을 소비하는 사람은 부가가치세를 4만 원 더 내는 대신 국가로부터 20만 원을 더 받을 것이다. 월 소득이 200만 원이고 월 200만 원을 소비하는 사람은 부가가치세를 8만 원 더 내는 대신 국가로부터 40만 원을 더 받을 것이다.

위와 같이 한다면 고소득층과 중간 계층은 감세를 받아 좋을 것이고 저소득층은 소득이 늘어나 좋을 것이다. 모두에게 유익한 정책이 될 것이다.

연금 개혁은
구조 개혁이 중요하다

현재의 연금제도를 더 내고 더 받는 방식으로 개혁하려고 한다. 이것은 개선이 아니라 개악이다. 더 내게 하면 중소기업이 고통을 받게 된다. 더 받게 하면 후손들이 고통을 받게 된다.

밀턴 프리드먼은 부의 소득세제를 도입하고 연금제도를 폐지할 것을 제안했다. 그러나 이것도 바람직한 제안이 아니다. 부의 소득세제를 도입하면서 연금제도를 개혁하는 방향으로 가야 한다.

밀턴 프리드먼의 제안은 다음과 같다. ① 현재 연금 수령자는 그대로 받게 한다. ② 보험료를 완납하고 연금 수령을 기다리는 사람은 연금을 받게 하거나 일시금을 받게 한다. ③ 보험료를 내고 있는 사람은 지금까지 본인과 직장에서 낸 보험료를 돌려준다. ④ 이후 더 이상 연금 축적을 종결하여 개인들로 하여금 그들이 원하는 대로 정년을 대비하도록 한다.

개인연금은 자기가 낸 금액과 이자를 돌려받는다. 그러나 국민연금은 본인과 직장이 보험료를 내기 때문에 본인이 낸 것의 두 배와 이자를 돌려받는다. 그래서 국민연금제도는 지속되어야 한다. 그러나 현행 제도를 유지한다면 2055년에 기금이 소진되어 후손들이 엄청난 보험료를 납부해야 한다. 그래서 개혁이 필요하다.

우리는 연금 개혁을 다음과 같이 할 수 있을 것이다. ① 현재 연금 수령자는 그대로 받게 한다. ② 보험료를 완납하고 연금 수령을 기다리는 사람은 연금을 받게 하거나 일시금을 받게 한다. ③ 앞으로 국민연금에 가입하는 사람은 본인과 직장에서 납입하는 연금 불입액에 따라 연금을 지급한다. ④ 현재 보험료를 내

고 있는 사람은 지금까지 본인과 직장에서 낸 보험료
를 산정하여 연금액을 결정하고, 앞으로 납입하는 보
험료에 대해서는 본인과 직장에서 납입하는 연금 불
입액에 따라 연금액을 결정해서 이 둘을 합친 금액을
연금으로 지급한다.

기초연금 제도를
개선해야 한다

현재의 기초연금 제도는 저출생, 고령화로 인해 재정적으로 계속 유지하기 어렵다. 기초연금 대상자를 현 상태로 유지하면, 2050년에는 국민 3명 중 1명이 수급자가 되고, 재정 지출은 현재의 6배로 급증한다. 이는 국가 재정에 큰 부담이다. 또 기초연금은 소득 수준을 고려하지 않고 소득 하위 70%에 똑같은 금액을 주기 때문에 노인 빈곤율을 낮추는 데도 한계가 있다. 기초연금 개혁이 시급하다. 수급 대상은 줄이고, 가난한 이들에게 더 많이 지급해야 한다.

　한국보건사회연구원의 보고서를 보면, 기초연금을 지금처럼 주려면 2080년 312조 원, 국내총생산(GDP)

의 약 3.6%에 달하는 엄청난 재정이 필요한 것으로 파악되었다.

기초연금제도와 기초생활보장제도를 통합하고, 기초생활수급비의 소득 공제율을 현재의 70%에서 50%로 낮추는 방법이 최선의 방법이 될 것이다.

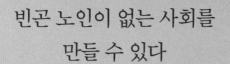

빈곤 노인이 없는 사회를
만들 수 있다

우리나라는 2020년 노인 빈곤율이 40.4%로 OECD 1위라는 오명을 가지고 있다. 2021년에는 37.6%로 낮아졌다가 2022년에는 38.1%로 다시 높아졌다. 그러나 국가정책을 바꾸면 노인 빈곤율이 0%가 될 수 있다.

노인 빈곤율이란 기준 중위소득 50% 이하의 노인들의 비율을 가리킨다. 2025년도 1인 가구의 기준 중위소득은 239만 원이고, 2인 가구의 기준 중위소득은 393만 원이다. 1인 가구의 노인의 소득이 119만 5천 원 이하이면 빈곤 노인이 되고, 2인 가구의 노인들의 소득이 196만 5,000원 이하이면 빈곤 노인 가구가 된다.

2025년도 우리나라의 1인 가구의 생계급여는 76만 원이고 주거급여는 서울에 사는 사람일 경우 35만 원이어서 합하면 111만 원이 된다. 2인 가구의 생계급여는 125만 원이고 주거급여는 서울에 사는 사람일 경우 39만 원이어서 합하면 164만 원이 된다. 현 정부는 생계급여를 기준 중위소득 35%로 인상하려고 하고 있다. 그렇게 되면 1인 가구의 생계급여는 83만 원이고 주거급여는 서울에 사는 사람일 경우 35만 원이어서 합하면 118만 원이 된다. 2인 가구의 생계급여는 137만 원이고 주거급여는 서울에 사는 사람일 경우 39만 원이어서 합하면 176만 원이 된다. 1인 가구는 1만 5천 원을 더 지급하고 2인 가구는 20만 5,000원을 더 지급하면 노인 빈곤율이 0%가 된다. 물론 빈곤율을 말할 때는 가처분소득을 기준으로 하기 때문에 이 액수보다 더 지급해야 할 수도 있다.

위의 사례는 서울에 사는 사람들에게만 해당되고 지방에 사는 사람들에게는 해당되지 않는다. 지방의 노인들도 빈곤 상태에서 벗어나게 하려면 주거급여를 서울의 노인들과 동일하게 해주고 추가 금액을 지급해야 한다. 이렇게 한다면 인구를 지방으로 분산시키고 국토를 균형 있게 발전시키는 데 큰 도움이 될 것이다.

요컨대 기초생활보장제도와 기초연금제도를 통합하여 잘 운영하면 노인 빈곤율이 0%인 나라가 될 수 있다. 노인 빈곤율이 1위인 나라가 되느냐 아니면 노인 빈곤율이 0%인 나라가 되느냐 하는 것은 엄청난 재정 투입에 달려 있는 것이 아니라 정책 입안자들의 세심한 배려에 달려 있다.

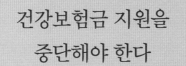

건강보험금 지원을
중단해야 한다

금년도에 건강보험금을 지원하는 돈은 13조 9,742억 원이다. 건강보험료 예상 수입액의 20%(일반회계 14%, 건강증진기금 6%)를 지원하도록 되어 있기 때문이다. 일반회계로 지원하는 돈은 빚으로 지원하고 있다. 건강증진기금도 적자이기 때문에 빚으로 지원하고 있는 것이다. 이 빚은 우리 후손들이 갚아야 한다. 지금 세대의 몫은 지금 세대가 담당해야 한다. 지금 세대의 몫을 다음 세대에게 넘겨서는 안 된다.

　노년부양비라는 것이 있다. 생산연령인구인 15세부터 64세까지의 인구와 노인인구인 65세 이상의 인구에 대한 비율이다. 2020년에는 생산연령인구

4.6명이 노인 1명을 부양했다. 2030년에는 3.6명이, 2040년에는 2.6명이, 2050년에는 1.7명이, 2060년에는 1.3명이, 2070년에는 1명이 노인 1명을 부양해야 한다. 세금도 많이 납부해야 하고 연금도 많이 납부해야 하고 건강보험료도 많이 납부해야 한다. 생산연령인구가 자기 소득 중 얼마나 많은 액수를 납부해야 할지 가늠하기 쉽지 않다.

앞으로의 상황이 이러한데 지금 빚을 내어 건강보험금을 지원하는 것은 옳지 않다. 건강보험료를 인상하든지 아니면 의료 수가를 인하하든지 해야 한다. 다음 네 가지 방법 중 한 가지 방법을 선택할 수 있을 것이다. ① 건강보험료를 20% 인상한다. ② 의료 수가를 20% 인하한다. ③ 건강보험료를 10% 인상하고, 의료 수가를 10% 인하한다. ④ 외래 의료 수가 본인 부담을 지금보다 20% 인상하고, 건강보험공단 부담을 지금보다 20% 인하한다.

지금처럼 생산연령인구가 많은 시기에 건강보험에

서 적자를 내어 후손들에게 짐을 지게 해서는 안 된다. 후손들은 저 별나라에서 온 사람들이 아니다. 지금 우리 눈앞에 있는 우리 아들딸이고 우리 손자 손녀들이다. 그들은 그들의 짐만 지게 해야 한다. 그 짐을 지는 것만도 벅찬 일이 될 것이다.

그들이 부양해야 하는 사람들은 바로 지금의 생산연령인구들이다. 후손들에게 충분하게 부양을 받기 위해서는 빚을 넘겨줄 것이 아니라 건강보험기금을 쌓아 넘겨주어야 한다.

실업급여 제도를
개선해야 한다

2024년 4월 실업급여는 1조 546억 원이었고, 5월 실업급여는 1조 786억 원(64만 6,000명에게 지급)이었다. 월 지급액이 1조 원을 넘어섰다. 실업급여 수급자 중 60세 이상이 28.9%(18만 7,000명)를 차지했다.

우리나라는 저소득 근로자를 보호하기 위해 실업급여 하한액을 최저임금의 80%로 보장하고 있다. 실직 전 평균임금이 최저임금의 80%에 못 미치는 실업자에게도 최소한 그만큼의 급여는 준다는 뜻이다. 올해 실업급여 하루 지급액(8시간)은 6만 3,104원이다. 내년에는 6만 4,192원으로 1.7% 오른다. 한 달(30일)이면 최소 월 192만 5,760원을 받게 된다.

내년 최저임금 월 환산액은 209만 6,270원이지만 4대 보험료와 세금 등을 제외하고 받는 실수령액은 실업급여 하한액 192만 5,760원과 비슷하거나 조금 높을 것으로 보인다.

고용보험료를 평생 내고도 실업급여를 한 번도 안 받는 사람이 있는가 하면, 실업급여를 중복해서 받는 사람도 많다. 실업급여 제도를 개편해야 한다.

실업급여제도 하나를 따로 떼어내어 개편하는 것보다는 실업급여, 기초연금, 기초생활수급비, 근로장려금 제도를 통폐합하여 개선하는 것이 좋을 것이다.

기초생활수급비에서 소득공제와 재산의 소득환산액 공제를 완화하여 더 많은 사람이 하후상박식으로 혜택을 받게 하고, 이 속에 실업급여, 기초연금, 근로장려금을 포함시키면 좋을 것이다. 환언하면, 기초생활보장제도를 확대하는 대신 실업급여, 기초연금, 근로장려금 제도를 폐지하자는 것이다.

자영업자 지원,
문제 있다

정부는 25조 원을 투입하여 자영업자들을 지원하겠다고 했다. 영세 자영업자들의 형편이 어려운 것은 사실이다. 그러나 자영업자들만 어려운 것이 아니라 비정규직 임금 근로자들도 어려운 것은 마찬가지이다.

　신용보증기금에 따르면 올해 1월부터 6월까지 신용보증기금의 소상공인 위탁보증 대위변제액 집행액은 2,652억 원으로 지난해 같은 기간(1,801억 원)과 비교해 47%가량 급증했다. 대위변제율이 현재 추세를 유지한다면 소상공인, 자영업자의 대출 상환 여력을 고려할 때 신용보증기금의 자본이 빠른 속도로 고갈

되리라 예상된다. "정부가 과도하게 이들의 빚 갚기를 대신한다면 잘못된 학습효과를 불러일으키고 결국 정부의 재정 부담으로 이어질 수 있다"라고 우려하는 견해도 있다.

또한 고용노동부에 따르면 올해 5월까지 자영업자 실업급여 지급액은 76억 7,500만 원이다. 지난해 같은 기간 69억 3,900만 원보다 10.6% 늘었다. 최근 5년간 자영업자 실업급여 수급자 수를 보면, 2019년 1,166명, 2020년 1,495명, 2021년 2,056명, 2022년 2,575명, 지난해 3,248명까지 꾸준히 늘었다. 올해는 5월 기준 2,067명으로, 지난해 총수급자의 63.6%에 달한다.

어려운 자영업자들이나 어려운 비정규직 임금 근로자들을 공정하게 도와줄 수 있는 좋은 방법은 기초 생활보장제도를 개편해서 소득 공제율을 50%로 인하하고 기본재산을 올려주는 것이다.

이렇게 하면 서울에 거주하는 4인 가구는 자영업자

이든 임금 근로자이든 2025년에는 월 소득이 498만 원 이하이면 국가의 지원을 받을 수 있다. 월 소득이 100만 원이라면 매월 199만 원을 지원받고, 월 소득이 200만 원이라면 매월 149만 원을 지원받고, 월 소득이 300만 원이라면 매월 99만 원을 지원받고, 월 소득이 400만 원이라면 매월 49만 원을 지원받는다.

어려운 자영업자들을 일회성으로 지원하는 것은 별 도움이 되지 않는다. 서울에 거주하는 4인 가구의 경우 월 소득이 498만 원을 초과할 때까지 지속적으로 지원해 주면 좋을 것이다. 동시에 이들이 더 이상 기초생활수급비를 받지 않도록 국가가 새로운 직업 훈련 기회를 제공한다든지 하는 방법을 모색하면 좋을 것이다.

고용 불안에 시달리는 비정규직 근로자들과 폐업 위기에 시달리는 영세 자영업자들에게 사회적 안전 망을 제공해 주어야 한다. 가장 좋은 사회적 안전망은 기초생활보장제도를 튼튼하게 하는 것이다. 모두가

기초생활수급비를 받는 사회가 아니라 모두가 기초
생활수급비라는 사회적 안전망을 보장받는 사회가
바람직한 사회이다. 그리고 모두가 국가의 도움 없이
자력으로 살며, 아무도 기초생활수급비를 받지 않아
도 되는 사회가 바람직한 사회이다.

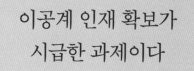

이공계 인재 확보가
시급한 과제이다

의과대학 입학 정원이 대폭 늘어나면서 이공계 발전을 염려하는 분들이 많다. 이공계에 갈 우수한 인재들이 의과대학으로 갈 수 있을 것이다. 이것은 단순한 기우라고 치부할 수 없을 것이다.

　우리나라는 이공계에 우수한 인재들을 유치하기 위해 많은 노력을 해 왔다. 그러나 큰 성과가 없었다. 명문대 이공계에 합격한 학생들도 지방 의대에 합격하면 명문대 이공계를 포기하고 지방 의대로 가는 것이 현실이다.

　과학기술정보통신부 제1차관은 "우수한 인재의 이공계 유입을 확대하기 위해서는 단기적인 대책과 함

께 이공계 인재에게 미래 비전을 보여주는 것이 중요
하다"며 "과학기술인들이 신명나게 일하고, 이로 인
해 연구 현장에 활기가 넘치고, 유능한 인재들이 앞다
투어 과학기술인이 되고자 하는 미래를 만들기 위해
모두 함께 지혜를 모아 달라"고 당부했다고 한다. 우
수한 인재들이 이공계에 많이 진학해야 우리나라 산
업이 크게 발전할 수 있을 것이다.

　어떤 획기적인 대책이 필요하다. 예컨대 상위 1%
의 우수한 학생들이 이공계에 진학할 경우 5급 공무
원직을 보장해 주는 방법 같은 방법이다. 이들 중 많
은 학생은 5급 공무원이 되지 않고 대기업으로 갈 것
이다. 또 어떤 학생들은 대학원에 진학해서 교수가 되
는 길을 선택할 것이다. 일부는 5급 공무원이 될 것이
다. 남는 인원은 국책 연구기관에서 5급 공무원 연구
위원으로 채용할 수 있을 것이다. 상위 1%의 우수한
인재들이 이공계에 진학하면 모두 5급 공무원으로 채
용하자는 말이 아니다. 상위 1%의 우수한 인재들이

이공계에 진학하면 최소한 5급 공무원이 되는 것을 보장해 주자는 것이다. 그들은 어디에서 무슨 일을 하든지 이공계 발전을 위해 노력할 것이다.

그리고 5급 공무원이 되려고 하는 학생들은 대학에서 5급 공무원이 되기 위한 필수과목들을 반드시 이수하게 하면 될 것이다.

도덕성 회복이
시급한 과제이다

우리 민족은 종교가 우리 국민의 도덕성에 큰 영향을 끼쳤다. 삼국 시대와 고려 시대는 불교가 큰 영향을 끼쳤고, 조선 시대는 유교가 큰 영향을 끼쳤다. 근래에 와서는 천주교와 개신교가 영향을 끼쳤다.

그러나 최근에 와서 종교의 영향이 크게 감소하고 있다. 한 통계에 의하면 불교 인구가 16%이고 개신교 인구가 15%이고 천주교 인구가 6%로 모두 37%에 불과하다. 20대 이하는 개신교 인구가 11%이고 천주교 인구가 4.5%이고 불교 인구가 3.5%로 19%에 불과하다. 더 이상 도덕의 문제를 종교에만 맡겨 둘 수 없게 되었다.

불교에는 십계가 있다. ① 살아있는 것을 죽이지 말라. ② 훔치지 말라. ③ 음행하지 말라. ④ 거짓말하지 말라. ⑤ 술 마시지 말라. ⑥ 향유를 바르거나 머리를 꾸미지 말라. ⑦ 노래하고 춤추는 것을 보지도 듣지도 말라. ⑧ 높고 넓은 큰 평상에 앉지 말라. ⑨ 때가 아니면 먹지 말라. ⑩ 금은보화를 지니지 말라.

조선시대에는 『명심보감』이라는 책이 있어서 서당에서 어렸을 때부터 외우고 지키게 하였다. 첫 구절들에는 이런 말들이 있다. "선을 행하는 자는 하늘이 복으로 갚아주고 선하지 않은 것을 행하는 자는 하늘이 화로 갚아준다." "선이 작다고 해서 아니 하지 말고 악이 작다고 해서 하지 말라." "일생 동안 선을 행하여도 선은 부족하고 하루 악을 행하여도 그 악은 남아 있다."

천주교와 개신교에도 십계명이 있다. ① 다른 신을 섬기지 말라. ② 우상을 만들지 말라. ③ 신의 이름을 망령이 되게 사용하지 말라. ④ 안식일을 지켜라. ⑤

부모를 공경하라. ⑥ 살인하지 말라. ⑦ 간음하지 말라. ⑧ 도적질하지 말라. ⑨ 거짓 증거 하지 말라. ⑩ 탐내지 말라.

우리는 이런 가르침들을 참고하면서 간단한 규범을 만들 수 있을 것이다. 예를 들어 다음과 같은 간단한 규범을 만들어 유치원 때부터 지키게 할 수 있을 것이다. ① 거짓말을 하지 않는다. ② 다른 사람을 해롭게 하지 않는다. ③ 다른 사람을 도와준다. ④ 생명체를 함부로 해치지 않는다. ⑤ 자연을 보호한다.

범죄를
줄여야 한다

우리나라와 일본의 범죄 건수를 비교한 자료를 보면 우리나라의 범죄 건수가 훨씬 많다. 다음은 2019년 1년간의 범죄 건수이다. 사기, 횡령, 위조, 뇌물, 배임 등 지능 범죄는 우리나라가 381,533건인데 비해 일본은 51,888건이다. 인구수(우리나라 5,131만 명, 일본 1억 2,263명)를 감안한다면 17.6배이다. 폭행은 우리나라가 165,547건인데 비해 일본은 30,276건으로 13배이다. 강간, 추행 등은 우리나라가 23,537건인데 비해 일본은 5,559건으로 10배이다. 공무집행방해는 우리나라가 11,545건인데 비해 일본은 2,303건으로 12배이다. 도박죄는 우리나라가 8,008건인데 비해 일본은 267건으로 72배이다. 다만 절도는 우리나라가 186,967건인데 비해 일본은 532,565건으로 0.84배로 일본이 우리나라보다 조금 높다.

이에 대한 반론도 있다. 우리나라는 경찰 단계에서 수사 종결권이 없어 모든 범죄혐의에 대해 불기소 의견이라도 검찰에 송치하는 '전건 송치주의'를 채택하고 있는데, 이렇게 송치된 사건 가운데 상당 부분이 무혐의나 공소권 없음 등의 종결 사건인데도 범죄 발생 건수에 포함된다는 것이다. 또한 일본은 범죄가 경미해 공소를 제기하지 않는 '미죄처분' 제도를 두고 있어서 공식 범죄 통계에서 빠지는 건수가 연간 8만 건에 달한다는 것이다. 그러나 우리나라에서도 경찰 재량권이 있어서 일선 경찰 선에서 사건이 마무리되는 경우도 많다.

우리나라에서 이렇게 범죄가 많은 데는 여러 가지 원인이 있을 것이다. 그 원인 중 하나로 서울과 수도권에 인구가 집중된 것을 들 수 있을 것이다. 서울과 수도권에 인구가 집중되어서 경쟁이 심화되어 범죄가 증가하는 것일 수 있다.

그래서 서울과 수도권에 집중되어 있는 인구를 전국적으로 분산시키는 것이 좋을 것이다. 사람들이 서울과 수도권에 모여드는 이유는 여러 가지일 것이다. 그중 하나는 서울과 수도권에 사람이 많으므로 일자리가 많다는 점이다. 일자리를 찾아 서울과 수도권에 사람들이 모여들면 지방은 비어가고 지방에 사람들이 적으므로 사업이나 상업은 안 되며, 그래서 다시 사람들이 지방을 떠나게 된다. 악순환이 계속된다.

반대로 지방에서 살기 좋게 만들어 준다면 지방 사람들이 떠나지 않을 것이며 오히려 서울과 수도권에 있는 사람들이 지방으로 유입될 것이다. 지방에 사람들이 유입되면 사업과 상업 활동 등등에서 일자리가 많이 생길 것이며, 이것은 지방 유입 요인으로 작용할 것이다. 선순환이 될 것이다.

지금은 복지 혜택을 줄 때 서울과 수도권에 사는 사

람들에게 더 큰 혜택을 준다. 서울과 수도권에서 주택 가격도 높고 생활비도 많이 들기 때문에 합당한 정책이다. 그러나 이렇게 하지 않고 서울과 수도권에 사는 사람들과 지방에 사는 사람들에게 동일한 혜택을 주거나 오히려 지방에 사는 사람들에게 더 큰 혜택을 준다면 서울과 수도권에서 지방으로 유입되는 인구가 더 많아질 것이다. 정책의 대전환이 필요하다. 그렇게 되면 범죄도 줄어들 것이다. 또한 인구를 전국적으로 분산시키면 지방은 살아나고 서울과 수도권은 삶의 질이 높아질 것이다.

결언

각종 통계를 보면 우리나라의 미래는 암울하다. 그러나 타개책이 없는 것이 아니다. 기초생활보장제도를 개편한다면 가난한 사람들도 결혼하고 아기를 낳아 기를 수 있어서 저출생 문제가 해결될 것이다. 2023년도 우리나라의 평균수명은 82.7세였다. 매년 60만 4,600명의 어린이가 태어난다면 우리나라 인구를 5,000만 명을 유지할 수 있다. 2024년 출생아 수가 23만 명이었으므로 2.6배가 늘어나야 한다. 엄청난 노력이 필요하다. 그러나 기초생활보장제도를 개편해서 가난한 사람들도 결혼하고 아기를 낳아 기를 수 있게 하고, 아기 낳는 운동을 전국적으로 전개된다면 불가능한 일이 아니다.

모든 사람이 불로장수를 원하기 때문에 노인인구가 많아지는 것은 좋은 현상이다. 그러나 현재 우리나라는 60세 이하를 두고 볼 때 인구 피라미드가 아니라 인구 역 피라미드이기 때문에 문제이다. 앞으로 매년 60만 명 정도의 어린이가 꾸준히 태어난다면 0세 어린이가 가장 많고 100세 노인이 가장 적은 인구 피라미드가 될 것이다.

저출생 문제가 해결되면 젊은이들이 많아져서 노인 부양 부담이 줄어들 것이다. 출생아 수가 두 배가 되면 노인 부양 부담이 1/2로 줄어들 것이다. 출생아 수를 늘리는 것이 고령사회 문제를 해결하는 지름길이다.

국부의 유출을 막으려면 상속세의 대폭적인 인하가 필요하다. 상속세를 그대로 둔다면 상속세 세수를 통해 얻는 유익보다 국부의 유출을 통해 잃는 손해가 더 클 것이다.

경제를 살리려면 법인세를 대폭 인하해야 한다. 상속세와 법인세를 대폭 인하한다면 우리나라는 부자들이 떠나는 나라가 아니라 부자들이 들어오는 나라가 될 것이다.

우리 후손들에게 빚을 물려주지 않으려면 관리재정수지를 흑자로 편성해야 한다. 불필요한 지출을 과감하게 삭감해야 한다. 꼭 필요한 경우를 제외하고, 개편된 기초생활보장제도 하나만을 두고 다른 모든 복지제도를 폐지해야 한다.

우리는 만주에서 세계 최초의 문명을 만든 민족이고, 반만년의 역사를 만들어 온 민족이다. 이제 다시 일어나 희망찬 미래를 만들어야 한다.

대한민국의 암울한 미래와 타개책

2024년 11월 7일 처음 펴냄

지은이   이양호
펴낸곳   도서출판 동연
등 록   제1-1383호(1992년 6월 12일)
주 소   (03962) 서울시 마포구 월드컵로 163-3, 2층
전화/팩스   (02) 335-2630 / (02) 335-2640
이메일   yh4321@gmail.com

ISBN 978-89-6447-056-5 03040